El Amado Arcángel Cassiel

SEÑOR del Fuego OrO/ Violeta

02/12/2019

Domingo A. Montes G.
(El Gran Resplandeciente)

Tabla de Contenido

A modo de preámbulo

Cassiel, Cassiel, Cassiel
Por favor ayúdame a recobrar la armonía,
paz, serenidad, buena fortuna,
suerte, propósito y positividad
en Amor y Luz, Amor y Luz, Amor y Luz.
—-Invocación al Amado Arcángel Cassiel

Este arcángel se manifestó, durante la época en que el trabajo del Grupo de Sanación, *Amado Arcángel Jophiel* era particularmente intensivo. En dicha oportunidad, este nombre no nos era familiar, pues era, y aún lo es en buena medida, un arcángel poco conocido.

De aquel tiempo a esta parte, su manifestación por los diferentes ámbitos del globo terráqueo se ha multiplicado notablemente, como parte del incremento de la actividad angélica en todos sus coros últimamente. En aquella oportunidad, al intentar obtener un poco de información sobre él, lo único visual que conseguí fue la imagen que está en la portada de este libro, una foto de una medalla.

En Junio del 2018 recibiendo claramente, el impulso de escribir este pequeño libro, realicé una búsqueda en Google con el ánimo de actualizar la imagen asociada a este arcángel, y me encontré con que el panorama había cambiado: ahora eran muchas las imágenes y las páginas con información diversa, una revisión general me reveló que, los atributos asociados a este arcángel en internet, correspondían a los del regente astrológico de su día, es decir el sábado y por tanto Saturno, que también es mi regente. Esto mismo me permitió, que se respondiera inmediatamente la pregunta que me hice al ver aquella variedad de páginas y folletos dedicados a él:

¿Por qué, ante tanta abundancia informativa, quieren los Maestros que se escriba un libro más?

En esencia este libro no es una recopilación de aquí y de allá, salvo por los aspectos y oraciones clásicas del acervo espíritu-cultural, contiene los decretos, mensajes e instrucciones dictados directamente por el arcángel mismo por medio de la facultad de canalizar, en la que fui entrenado por varios años, dejando atrás la mediumnidad que desarrollé tiempo antes hasta alcanzar la media-unidad.

Durante el periodo del grupo de sanación *Amado Arcángel Jophiel*, los arcángeles que se manifestaron con mayor frecuencia e intensidad fueron el Amado Arcángel Miguel, el Amado Arcángel Jophiel y el Amado Arcángel Cassiel.

Es un libro profundamente criollo, sin pretensiones académicas, eruditas o hagiográficas. Es de particular importancia, que salga a la luz, en los tiempos de la peor crisis tiránica de la historia de Latinoamérica. Se diseñó inicialmente en dos columnas por página, simbolizando las dos alas de los ángeles, aunque algunos coros poseen seis y en otros casos ninguna. Este diseño debió ser descartado al maquetar el formato eBook. Desde que tuve conocimiento de la existencia de estos seres espirituales, siendo el primero de ellos, el Ángel de la Guarda que estaba en la cabecera de mi cama, en un cuadro enmarcado; en un cierto momento, tomando en cuenta que eran seres espirituales, me pregunté por qué necesitaban alas, si todos los demás habitantes del Astral y de otros planos, o quienes están solo de paso, no las requieren para volar o desplazarse. De aquel tiempo a esta parte, aun cuando en todas las percepciones visuales, los he visto alados, jamás los he visto utilizarlas para volar, tal como lo haría un pájaro.

Los nombres

Cassiel se escribe con doble s, según instrucción directa de él mismo. También puede encontrarse como: Casziel, Casiel, Caziel, Cassel, Castiel, Casitiel, Castael, Cafziel, Cafzyel, Caphziel, Kafziel, Kafkiel, Kasiel, Kaffiel (por los magos), Orifiel (por el Papa Gregorio el Grande), Qafsiel, Qaphsiel, Qaspiel, Qephetzial, Quaphsiel, Sealtiel, y Mocoton.

Es importante recordar que tales formas de escribir estos nombres, son normalmente romanizaciones de otros idiomas que no emplean nuestros mismos caracteres. La forma correcta de escribirlos es en idioma angélico, y cualquier otra es una adaptación. Esta escritura, es netamente *esotérica,* como denotarán de inmediato los entendidos, en todo lo que dicha *S* implica.

En hebreo, se lee de derecha a izquierda:

קפציאל

En árabe, también de derecha a izquierda:

كسفيائيل

El recorrido por sus atributos y dotes, es, así mismo, un viaje de autodescubrimiento en mi propio trabajo interno.

Perceptualmente, su presencia es imponente y seria. Su energía es de una gran potencia, sintiéndose aún por los espectadores y el Canal [1], mayor que la del Arcángel Miguel; Su rayo es combinado, estando compuesto por el **OrO** y **Violeta**, aun en estos días no hay mucha difusión sobre los Rayos combinados y los auto contenidos, por lo que espero hablar sobre este tema este año, en la serie de charlas *Apuntes de Sanación Espiritual*.

Sus decretos y enseñanzas son directos y concisos, emanando en cada palabra la autoridad del Creador. Trabaja en estrecha colaboración con el Gran Maestro Jesús el Cristo.

Se menciona en textos extra canónicos hebreos, cristianos, bizantinos y judíos. También en obras occidentales como el *Liber Juratus Honorii, Heptameron, Sigilim Dei, Liber de Angelis,* la *Clavícula del Rey Salomón* y *The Magus*.

Oraciones al Amado Arcángel Cassiel

A continuación, se presentan algunas oraciones al Arcángel sobre el que trata este libro, podemos observar en ellas, los diferentes formatos clásicos para la invocación, intercepción, y otros tipos de comunicación espiritual, no me extenderé aquí, en analizar dichas oraciones, ya que esto excede al alcance de esta pequeña obra, pero sí indicaré que, la estructura con la que fueron concebidas, obedece a una <u>ruta de estados internos</u> para quien las eleva:

—-oOo—-

¡Oh, Ángel principal que gobiernas el sábado y actúas bajo los auspicios del planeta Saturno! Te invoco para que me concedas en esta noche y esta hora [2] tu angelical virtud de alejar a los espíritus de la Oscuridad.

¡Oh, Ángel [3] Cassiel! Te imploro que me des tu Luz de Ónix. Yo tengo la Barrera Oculta. Yo tengo la Sabiduría y la Maestría. Yo aparto la Adversidad y lo Adverso. Yo soy la Espada. ¡Ámame y entra en Comunión conmigo, tú que vives con Dios Todopoderoso y en Sabahoth [4] por los siglos de los siglos! Amén.

—-oOo—-

Bendito seas Soberano, Padre de los cielos y la tierra, hacedor de maravillas inconmensurables, fuerza divina de la gracia, en ti que eres verbo emanó la vida y de tu glorioso nombre, surgió todo. Mucho más de todo lo que pueda llegar a imaginar.

Bendito seas Patriarca de la vida. Yo te pido, especialmente, amado Padre de los cielos, que por intercesión del Arcángel Cassiel, intercesor por excelencia de tu palabra, hagas llegar a mi aquello que debo recibir y aquello que debo aprender, bajo el más poderoso y puro manto de tu piedad inmedible a los ojos de un humilde ser humano como yo;

para que mi estructura y acción en éste mundo tengan el cuerpo, peso y expresión de tu fuerza creadora, para que la reflexión, abra paso rápidamente a tu providencia divina, y para que el mundo todo recuerde día a día lo indivisible de tu grandeza, pues ninguna palabra te puede contener.

Te lo pido también, en el nombre de tu Santo Hijo Jesús, en el nombre del Espíritu Santo y de la Bendita Virgen María ahora y siempre por los siglos de los siglos, Amén.

—-oOo—-

Amado Arcángel Cassiel, te doy las gracias por tu labor de ayuda hacia la humanidad. Gracias porque sé que en estos momentos, que tengo mi corazón en la mano y mi alma llena de gozo, me vas a asistir con tu presencia. Activó el poder del código sagrado 781, mediante el cual pido que manifiestes todo tu poder, Arcángel Cassiel, sobre mi vida, para la bendición del mundo y la evolución de mi ser y de mis hermanos.

Te pido que mis obstáculos sean derribados, que los muros que se imponen entre mi meta y yo se derriben ante tu poder.

Eleva mis frecuencias a los niveles más altos, y permíteme conocer nuevas dimensiones espirituales.

Ayúdame a ser asertivo en mis decisiones, dame inteligencia, sabiduría e ingenio para tomar buenas decisiones e ir siempre por el camino más fructífero.

Permíteme vivir en estabilidad financiera, emocional, espiritual y familiar, cúbrenos con tus alas y forja en nosotros la seguridad.

Con tu inmensa velocidad, te pido que por favor me asistas en mis peticiones, las cuales son (diga aquí sus peticiones). Confío en tu poder, confío en la autoridad que Dios te ha entregado, por lo tanto sé que lo que he pedido se va a manifestar a una velocidad mucho más elevada que lo que alcanzo a comprender.

Gracias amado arcángel, porque sé que lo que he pedido será atendido y hecho con gran velocidad. Bendito seas por siempre. ¡Amén!

—-oOo—-

Amado Ángel Cassiel, te pido me ilumines con la fuerza de tu silencio para poder recibir el mensaje de aquello que tengo que aprender y recibir. Ayúdame con tu infinita compasión a liberarme de aquellos bienes o situaciones terrenales que me atan y no me permiten continuar mi camino. Gracias te doy amado Cassiel por tu intercesión y tu infinito amor.

—-oOo—-

Amado Arcángel Cassiel, gracias por tu presencia la cual recibo con amor y gratitud. Enséñame la mejor forma para resolver este obstáculo que me ha molestado y me molesta tanto (mencione el obstáculo aquí). Mi intención para resolver este obstáculo es: (describa cuál es su intención y por qué desea resolver este obstáculo ahora). Si este obstáculo tiene que ver con mi karma y es la consecuencia de algo erróneo que yo cometí, pido ahora disculpas por todos aquellos eventos y momentos en que de alguna forma irrespeté, herí o lastimé a cualquier persona o ser de la Creación del Padre, en cualquiera de sus reinos. Tomo consciencia de que no soy perfecto y asumo la responsabilidad de todas mis decisiones y pido el perdón de Padre-Madre-Dios, de mí mismo y de todos los seres que lastimé consciente o inconscientemente.

Y, si he de vivir este obstáculo ahora, enséñame cómo puedo resolverlo, vivirlo y tolerarlo de la mejor forma para mi mayor beneficio y el de todos quienes tienen que ver con él. Que la Luz de mi intención en Luz se expanda y decido aquí y ahora, consagrarme a la Luz de Dios y hacer el bien todos los días sembrando luz, amor y bienestar en todos los reinos del Creador. Así es y hecho está.

Afirmaciones de Cassiel

- *Poseo las virtudes de la confianza en mí mismo.*

- Soy paciente, tengo convicción y disciplina.

- Puedo elegir mis metas y tengo la fuerza y el espíritu para conseguirlas.

- No temo creer en mi fuerza interna y en mi poder.

- Soy un ser trabajador y como parte del mundo tengo una importante misión que cumplir.

- No tengo temor de cambiar de opinión y ver las cosas desde una perspectiva diferente.

- Camino hacia adelante en mi vida, con claridad y facilidad.

Decretos del Amado Arcángel Cassiel

Decretos recopilados durante el periodo más activo del grupo de sanación "Amado Arcángel Jophiel", extraídos de las canalizaciones de instrucción y trabajo energético. Estos decretos constituyen el núcleo de este libro y la principal razón de su existencia, en cumplimiento de la <u>Voluntad Divina</u>:

Compartan los decretos con todos los demás, no acepten nada distinto a la verdad, la luz divina es invencible, impenetrable, indestructible, pero con su libre albedrío eligen si ella está con ustedes o no, o si está solo aquí y allá no, cuando traen la presencia de la luz, no es necesario sacar las tinieblas, porque así como cuando encienden una luz eléctrica en un cuarto las sombras desaparecen solas, así toda vibración inferior es arrasada por el poder de la luz.

***Yo CASSIEL**, junto con los grandiosos seres de luz, decretamos:*

¡Ya no más!, le pido al cosmos todo, que impulse como un relámpago, a toda la red de luz [5], y todos los seres vivientes, en su más pronto retorno al Padre Creador, sin retrasos, sin tardanzas, sin impedimentos.

*Por el poder del fuego **ORO/VIOLETA** ya no más, toda vibración menor que el **ORO/VIOLETA** es instantáneamente disuelta.*

***Yo soy** la luz **ORO/VIOLETA**, que va por delante de los pasos de todos los hijos de **DIOS**.*

***Yo soy** el perdón de **DIOS**.*

***Yo soy** la impenetrable protección divina, constante, perenne y amante.*

Yo soy el logro perfecto del plan divino de **DIOS** para ti hijo de la luz.

Yo soy el foco de luz incandescente que disipa todo lo inferior al instante.

Yo soy ¡luz dentro de la luz!

Yo soy la infinita gloria de **DIOS** que encandece en **ORO/VIOLETA** en todo tiempo y lugar.

Yo soy el impulso vigorosamente cargado, ilimitado; llegando hasta el último rincón en todas partes en todo lugar.

Yo soy el fuego **ORO/VIOLETA**, portador del perdón instantáneo para todo el que esté listo.

Por el poder del sagrado fuego **ORO/VIOLETA**, Yo resplandezco como miles de soles de fuego liberador, transmutador y convertidor.

Cuando invoco la luz divina, la victoria está asegurada.

Cuando la luz divina está conmigo nada puede oponerse.

Cuando utilizo la energía de **DIOS** la victoria está asegurada.

Cuando coloco las manos, la Gloria de **DIOS** se hace presente.

Solamente lo que viene del Padre Eterno puede llegar hasta mí.

Señor **JESÚS** quédate para siempre en mi corazón.

Amado Arcángel **CASSIEL** bendíceme con el olvido.

Yo soy la infinita luz centellante, que nada oscuro puede detener jamás.

Cassiel: *Sumérjanse en las infinitas bendiciones del Padre creador, en todo momento, incesantemente en todo lugar, decretemos entonces:*

Yo soy el infinito amor de **DIOS,** a todo lugar donde voy y pienso.

Yo soy el poder divino instantáneamente manifestado, en todo lo que quiera de acuerdo al plan divino.

Yo soy la plena realización del potencial que **DIOS** tiene para mí, cuando utilizo la energía divina nada puede oponerse.

Yo soy el éxito, el triunfo y la victoria del gran poder de **DIOS**, en todo lo constructivo que emprendo.

Los decretos deben ser vividos, sentidos, plenamente realizados, desde su propio ser

Cassiel Arcángel - 11/02/2007 – Guacara

*La luz interior que brilla en todos los seres, es el único ser designado por la palabra **Yo***

Sri Krishna

Atributos y Áreas

Rige el sábado, aunque algunos le asignan el día domingo, debido a que su día es el séptimo, y en nuestra cultura la semana comienza el lunes. Sin embargo, *Sabbath* = Séptimo = Sábado, por lo que su día es, indudablemente, con independencia de este aspecto cultural, el sábado.

En los textos Kabalísticos está escrito, que Cassiel no tiene permitido interferir en nuestro mundo humano, a menos que sea invocado.

Cassiel forma parte de la junta Karmica, siendo, por tanto, uno de los **Señores del Karma**.

Como Señor del karma:

Alivianar o atenuar Karmas.
Balance.
Buena Fortuna.
Conocer el origen oculto de un problema.
Cargas heredadas.
Comprender la causa-efecto de las situaciones.
Descubrir patrones repetitivos.
Disolver karmas.
Honores y castigos.
Justicia Divina.
Liberación de deudas en todos los ámbitos.
Liberarse de la esclavitud de los malos hábitos.
Planes a largo plazo.
Perspectiva ante las dicotomías.
Restablecer el equilibrio.
Redención.
Superar obstáculos crónicos.
Toma de decisiones acertadas.

Como Arcángel del silencio y la soledad:

Acceder al silencio interior.

    Desbloquear la comunicación y libre expresión.

    Entender lo que debe ser realizado por sí mismo.

    Falta de auto-confianza.

    Personas solas, solitarias, ermitañas o introvertidas.

    Personas de pocas palabras.

    Quienes lloran encapillados.

    Sufrimiento no expresado o reprimido.

Como Arcángel de la Templanza:

Armonía y moderación.
    Apaciguar las influencias lunares (creciente y menguante).
    Control de los apetitos desmedidos.
    Constancia.
    Calmar multitudes coléricas.
    Estabilidad.
    Éxito en los viajes por mar.
    Equilibrio entre el pensamiento crítico y la intuición.
    Protección en el plano astral.
    Sobriedad.
    También se representa con un pie en la tierra y el otro en el agua.
    Vencer la hidrofobia.

En ocasiones se le ha representado como un Rey montado sobre un dragón, animal que dosifica el fuego:

Ilustración del libro "The magus – Francis barret"

Como Arcángel del conocimiento divino:

Aplicación práctica de la sabiduría divina.

Abrir las puertas del conocimiento, la sabiduría, y los misterios de lo invisible.

Confianza en el destino.

Conocer el sentido oculto de nuestra vida.

Diseñar proyectos de trabajo en cualquier ámbito.

Estudio de las ciencias sagradas.

Expansión de la mente.

Fortaleza de principios.

Genialidad.

Mejorar la salud del cerebro y fortalecerlo.

Memoria a todo nivel.

Rayo Oro y sus correspondientes atributos derivados.

Vislumbrar el Plan Divino para nosotros.

Como Arcángel del Fuego Oro/Violeta:

Acelerar vibraciones.

Activar el fuego purificador.

Acortar procesos.

Cambiar los aspectos negativos de la vida por positivos.

Conectar con los magos blancos.

Desarrollo de la virtud de la paciencia.

Descongelar situaciones o conceptos.

Dispensar.

Elevación.

Evolución.

Fluctuación del tiempo.

Hacer fluir lo estancado.

Liberación.

Nivelar los Cambios de humor.

Otorga claridad en situaciones confusas.

Pronta respuesta a las peticiones, en el menor tiempo posible.

Perdonar y olvidar.

Resolver conflictos.

Realizar dispensaciones.

Resolución de deudas monetarias con rapidez.

Perdón por medio de la comprensión.

Regulación del tiempo de los Karmas, ya sea por aceleración, enlentecimiento o postergación.

Su nombre significa "Velocidad de Dios".

Transmutación acelerada.

Transmutar las energías de las personas, objetos y situaciones.

Tránsito de vida.

Transformación de los sentimientos del Pasado.

Como el Arcángel de la Serenidad:

Armonía, serenidad, espiritualidad.
Calma y paz.
Confianza en el propio destino.
Paciencia.
Sutileza.

Como el Arcángel del Planeta Saturno:

Agricultura y métodos de cultivo.

Articulaciones y artritis.

Autoconfianza.

Abre tu consciencia para reconocer el propósito y la importancia del trabajo duro.

Ahorro y sobriedad.

Buena Suerte.

Bienes raíces y propiedades.

Disciplina y fuerza a través de Saturno.

Embajador de Saturno en la Tierra.

Es uno de los 7 arcángeles semanarios, corresponde al sábado.

Huesos y calcificaciones.

Independencia.

La carta del Ermitaño.

La ancianidad y el final de la vida.

Maestro de los nacidos bajo Capricornio.

Muerte, testamentos y herencias.

Posición Social.

Rector de Saturno.

Riqueza espiritual.

Riqueza material.

Regente de Capricornio y Acuario.

Reputación profesional.

Sobriedad y seriedad.

Sabiduría antigua.

Seguridad material.

Soledad.

Sacar provecho de las limitaciones.
Últimas voluntades del moribundo.

Otros atributos de Cassiel

Autoestima.

Autoconfianza.

Velar por la unidad del Reino Eterno.

Anular a los aprovechadores.

Ayuda a pasar los momentos más difíciles en las crisis más profundas.

Aislar compañeros de trabajo o habitación conflictivos.

Balancear sentimientos encontrados.

Balance entre nuestros aspectos conscientes e inconscientes.

Casos imposibles.

Controla los ciclos lunares.

Clarividencia.

Conectar con la Madre Divina.

Conocer el lenguaje frecuencial de los delfines y demás mamíferos oceánicos.

Contra vecinos indeseables y prójimo perjudicial.

Cuida los ancianos.

Cristalización de los anhelos.

Conectarse con las altas vibraciones.

Derribar obstáculos.

Desconsuelo.

Entender la hora de la muerte.

Es protector.

Especialista en dolores de espalda.

Enfrentar y superar los miedos.

Expresión, elocuencia, carisma.

Es el Juez Inapelable.

Escarmiento justo.
Firmeza moral.
Generosidad.
Liberación emocional de traiciones y decepciones.
Liberación de la abundancia.
Patrones karmicos.
Portador del "Presagio Divino".
Penas.
Protección de las profesiones.
Recuperar la esperanza.
Responsabilidad.
Rechazar las desgracias.
Rige las calcificaciones.
Sentirse seguro.
Se le considera un Arcángel misterioso.
Sanación.
Salud dental y sanguínea.
Superar la Hidrofobia y el miedo escénico.
Superar la depresión.
Traumas de la infancia y adolescencia.
Memoria celular del útero y corazón.
Neutralizar situaciones complejas de difícil análisis.
Vibra con la energía de los dragones.
Viajar en el tiempo.

Palabras de Poder

Soy un ser creador.

Llave tonal

Faaaaaa.

Aceites

Mejorana.
Salvia.
Neroli.

Colores de Velas y Velones

Gris.
Marrón.
Oro/Violeta.

Piedras y Metales

Ágata negra y blanca.
Amatistas.
Cuarzo ahumado.
Obsidiana.
Ónix gris oscuro.
Ónix negro.
Ópalo.
Oró.
Peltre.
Plomo.
Turmalina negra.
Zafiro azul.

Colores de Vestimenta

Negro.
Marrón.
Violeta.

Frutas

Ciruela.
    Granada.
    Tomate.

Arboles

Haya.
    Ciprés.
    Roble.

Hierbas

Aserrín.
    Café.
    Cardamomo.
    Jacinto.
    Jengibre.
    Pino.
    Poleo.
    Nardo o Vara de San José.
    Pimienta negra.
    Lúpulo.

Galanga.
Humulus.
Tomillo.
Tuberosa.

Firma o signatura

Amuleto cabalístico

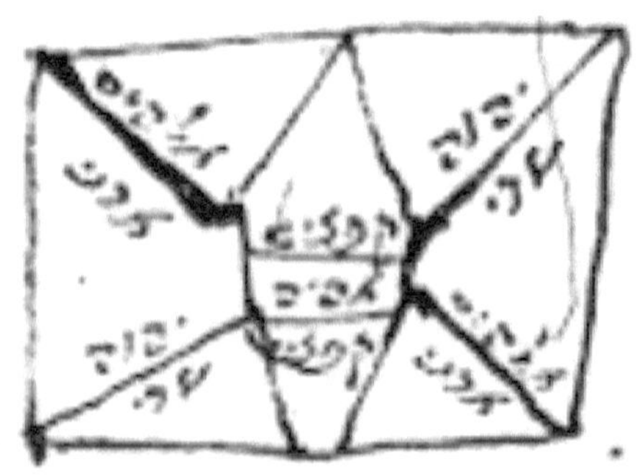

Código sagrado de AGESTA Venezuela

781

Punto cardinal

Norte.

Visitar el retiro eterico

Un retiro etérico siempre coincide con un *vortex* planetario. Es necesario que previamente se medite sobre el arcángel, ya sea de manera explícita o implícita. La meditación implícita es algo prácticamente desconocido, aunque se encuentra en la raíz misma del Yoga y del Tantra, a la vista de los lectores de los clásicos.

Baste decir que, al leer este libro, hablar del tema con otras personas o pensar en el arcángel en cada ocasión que veas una imagen alegórica, *estructuralmente* estas meditando sobre él, de la misma forma que cruzar miradas por un segundo, con alguien que te atrae: es de hecho una acción Tántrica.

Los retiros pueden ser abiertos o cerrados, y su visita oscilar entre la total inconsciencia y la plena consciencia. Lo mismo aplica al recuerdo de lo allí estudiado.

Es imprescindible, por los medios antes indicados, sintonizarse de alguna forma con la frecuencia de Cassiel, (o de cualquier otro Arcángel, o ser de luz según queramos estudiar), para poder accesar al retiro eterico, ya que sin esta vibra el mismo permanece invisible, y ni hablar de poder penetrar la esfera protectora que lo rodea, que en ocasiones aparece ante la mente como gruesas murallas inexpugnables, o guardianes invencibles, en cuanto que existan los correspondientes aspectos internos sin trabajar.

Decreto

En el nombre de mi Magna y Victoriosa Presencia I AM, invoco al amado Ser Cósmico Victory, a la amada Maestra Ascendida Lady Leto, y al Amado Arcángel Cassiel.

Velen porque yo reciba la instrucción que requiero, para ayudarme a lograr la maestría sobre los retos, problemas y las necesidades que pueda Yo encontrar en el futuro cercano, y a redimir mi propio karma.

Háganme comprender e inspírenme a aprender, cómo puedo yo prestar el máximo servicio posible a la Gran Hermandad Blanca. Velen porque Yo reciba la radiación y la bendición del Retiro, y luego guíenme de vuelta con toda seguridad a mi cuerpo físico.

Llamado

Padre, en tus manos encomiendo mi espíritu.

Poderosa Presencia YO SOY y Santo Ser Crístico, invoco al Arcángel Miguel y sus legiones de ángeles de fuego azul, para que protejan y transporten mi alma vestida con sus cuerpos sutiles, al retiro del Amado Arcángel Cassiel esta noche.

Escóltenme, instrúyanme, guíenme y protéjanme mientras trabajo para liberar a toda la vida en la Tierra. Pido que esto se cumpla, de acuerdo a la santa voluntad de Dios

Consejo de Cassiel para Capricornio

Estarás bien, cuando comprendas que no siempre tienes que ganar

Sello

El sello lo conforma el círculo dorado con las letras rosa y las cinco puntas. El resto es parte del medallón, a criterio del artífice.

Flores asociadas

Lirio Blanco

Violeta

Animal asociado

Corvus frugilegus

Canalizaciones

Extracto canalización sobre las dispensaciones:

Recuerden que una de las funciones del Violeta y del Oro es la aceleración de los procesos, la aceleración de las vibraciones, entonces mediante este Oro/Violeta, que ustedes utilizan es posible hacer las dispensaciones.

04/01/2007 6:08pm - Guacara

*Y Yo **Cassiel** junto con los maravillosos seres de Luz, decretamos: Ya no más, le pido al cosmos todo, que impulse como un relámpago a toda la Red de Luz y a todos los seres vivientes, en su más pronto retorno al Padre Creador, sin obstáculos, sin tardanzas, sin impedimentos.*

Yo Soy Cassiel, que resplandece en Oro/Violeta cargando la liberación, el perdón, la transmutación, en toda apariencia en los hijos de Dios, si hay perdón hay comprensión, si hay comprensión, hay evolución, el perdón proviene de la compasión, del amor universal, cuando comprendo que el mayor daño me lo hago yo mismo, con gran facilidad hay perdón, perdonar es fluir con el orden universal, es dejar ir el estancamiento, es liberarse de una pesada carga auto impuesta, si doy perdón inevitablemente podré recibir perdón a su vez.

Perdonar no es un favor que usted le hace al perdonado, si no, es aceptar el funcionamiento del mundo espiritual.

¿En esta situación de rencor acumulado, que haría mi maestro?

11/02/2007 – Guacara

La comprensión es regida por el oro, perdón con comprensión: Oro-Violeta.

12/10/2007 – Guacara

Notas

[1]Aquel que canaliza, particularmente información, en la edad del oscurantismo, se castigaba con la muerte por deglución forzada de agua hirviendo.

[2] En todos los sistemas clásicos, se presupone que la oración se ejecuta, siguiendo las horas correspondientes a cada Arcángel, e incluso viendo hacia cierto punto cardinal, algunas líneas de Yoga siguen un esquema similar, para la ejecución de las Asanas.

[3] Aun cuando los "Ángeles" es el nombre de uno de los coros, dicho término suele utilizarse para las tres divisiones.

[4] Ejército celestial.

[5] Estructura de soporte mutuo en caso de apuros, generada en Gochilandia, actualmente evolucionó en la "Lista de sanación".

Acerca del Autor

Domingo A. Montes G. es natural del Tigre Edo. Anzoátegui, Venezuela, nació sietemesino e iniciando los 70s; el esoterismo sin ISBN y el Bhaktivedanta Raja Yoga, constituyeron junto con "Condorito" y "Mortadelo y Filemón" entre otros, sus lecturas asiduas apenas estuvo en capacidad de leer de corrido. De la mano de Stephen King y James Clavell adquirió la costumbre de leer tamañas obras de corrido.

Desde temprana edad se sintió atraído por las grandes culturas, sus misterios y sus aspectos espirituales y esotéricos, así como por los avances tecnológicos y científicos, los hechos extraños, la vida extraterrestre y las maravillas de la naturaleza.

Gracias al excelente Karma de practicar el Buddha Dharma, bajo las líneas Zen Soto y Vajrayana Karma Kayu, junto al criterio inclusivo de la espiritualidad criolla, sistemas variopintos han fructificado, para el bienestar de todos los seres.

Defensor declarado de la Sabiduría Criolla, la autodeterminación de los grupos humanos, y los siete cueros, expone sin egoísmos ni pretensiones, lo que el Cosmos ha puesto a su alcance.

Habiendo ya investigado, ya practicado, ya conocido diversos y contrastantes caminos espirituales, entre ellos: Catolicismo, espiritismo y sincretismo, Magia Blanca, Magia natural, Gnosis en tres sectas, Elan Vital de Guru Maharaji, Disciplina Mental/Ocular de E. Clarck, Metafísica, Cienciología, Programación Neurolingüística, Sukyo Mahikari, testigos de Jehová, Sistema Vietnamita de Yoga/Sanación, Seichem Reiki, CHIOS HEALING, Sanación Pránica, Artes Marciales, Shiatsu, Yoga del estado del Sueño, Spiritpathology Healing in the blood of Cristh entre otros, Seichem Reiki Master.

Ingeniero en Información – UNITEC.

TSU en Ciencias Gerenciales, M. P. y M. – UNITEC.

Técnico autodidacta en electrónica.

Técnico en Electricidad y Electrodomésticos, Modern Schools.

Técnico de 1ra en Rescate C.L.O.E., botón y diploma de honor al mérito en Vargas.

Construcción antisísmica artesanal hasta dos pisos. SENA Colombia.

Talleres de escritura y narrativa.

Cursos de psicopatía criminal.

Fundador de la Escuela de Energía Superior SHIn Tao (SHIn Tao SEICHEM REIKI).

Fundador de la Biblioteca de Temáticas Espirituales "Retazos en Lontananza", actualmente en formato virtual.

Organizador e impulsor de la "Red de Luz", actualmente "Lista De Sanación".

Fundador del Sistema "Cristales Etéricos de Venezuela"

Fundador del Sistema de Sanación Pirámide Dorada.

Concresionador del sistema de Sanación con Péndulo Consagrado: "Nuestro Método".

Fabricante artesanal de Péndulos Consagrados.

Creador del Péndulo de Compresión Astral.

Canalizador de la técnica "Amorosa Secuencia" de la Madre María.

Canalizador de la técnica "Libertad en movimiento".

Canalizador de la técnica "Bendiciones para todos".

Canalizador de la "Meditación en los atributos divinos" del Sr. Krishna.

Concresionador del sistema: "Superposición éterica arcangélica".

Concrecionador del sistema "El Abrazo Divino".

Concresionador del sistema "7 Capas".

Concrecionador de "Quántica Intensa".

Autor de Varios Libros, manuales y artículos sobre sanación, espiritualidad y Zen.

Ponente del ciclo de charlas "Apuntes de Sanación Espiritual".

Iniciado metafísicamente en la orden de ASCLEPIO. (1992)

Bendición astral directa de Elegua (1995).

Iniciado en Budismo Tibetano Vajrayana bajo el nombre Felicidad Incambiable (1999).

Gran Invocación a la Noche Cósmica (2000).

Bendición astral directa de Babalu Aye como sanador (2003).

Entrenado como Canalizador, particularmente Arcangélico desde 2005.

Bautizado astralmente por el Venerable José Gregorio Hernández, como Sanador (2007).

Bendición del Santo Espíritu como Sanador (2009).

Fundador y/o Padrino (Aquel que asigna el nombre) de los Grupos de Sanación:

"Jesús de Nazaret"

"Amado Arcángel Cassiel"

"Sanadores Emergentes"

"Amadísimo Arcángel Jophiel"

"Vibra Creciente"

"Gloria Tangible"

"A los pies del Gurú", entre otros.

Otras obras del Autor

El sentido de la vida, Arian Mc"min&Jhon Colin traducción al castellano.

Siete Capas, fácil muy fácil.

Serie: Apuntes de Sanación Espiritual.

Serie: Manuales técnicos de Seichem Reiki.

Serie: Manuales técnicos de PD.

El Abrazo Divino.

El néctar de las Divinas Enseñanzas.

SHInTao SEICHEM Reiki. El sendero del dragón de fuego.

Serie: Clásicos del Reiki Japonés.

Usui Reiki Hikkei.

Hayashi Reiki Hikkei.

Sanación espiritual con Péndulo Consagrado. Nuestro Método. (Instrumento/Herramienta/Elaboración)

Obras de Miyamoto Musashi no Kami:

Go rin no sho.

Dokku Do.

Heiho Sanjugokayo.

Hyodo Kyo

Próximamente...

El amor que vino de la quinta dimensión.

Pininos del estado del sueño.

Aproximación a la concentración.

El Shiatsu que yo aprendí.

El toque criollo.

Conversaciones con los seres vegetales.

101 mitos, errores y dudas en la práctica de la sanación espiritual.

Historia escrita.

Los 40 jinetes de la sanación.

5 Manos del cielo.

Información de contacto

Correo:
domingo.alberto.montes@gmail.com
Facebook:
https://www.facebook.com/profile.php?id=1081942890

Don't miss out!

Visit the website below and you can sign up to receive emails whenever Domingo A. Montes G. publishes a new book. There's no charge and no obligation.

https://books2read.com/r/B-A-AXBOB-YCELD

BOOKS 2 READ

Connecting independent readers to independent writers.

Did you love *El Amado Arcángel Cassiel, Señor del rayo Oro/Violeta*?
Then you should read *Sanación Espiritual con Péndulo Consagrado
"Nuestro Método", la forma de péndulo más evolucionada*[1] by
Domingo A. Montes G.!

[2]

Agradezco a la vida, y a los péndulos que han pasado por mis manos, y a los que han salido de ella.Agradezco a "Nuestro Método" por abrirse al mundo, en una época en que muchas formas de péndulo murieron junto con quienes las dominaban. Trata este libro de muchos tópicos acerca del Péndulo Consagrado, su uso, historia de esta forma o método, tipos y variedades, consagración, cuidado, formulación de preguntas, base para toma de decisiones,

---

1. https://books2read.com/u/m2B7Y1

2. https://books2read.com/u/m2B7Y1

precauciones, el estado mental y emocional adecuado, inducción radiónica, trabajo con el Comité de Sanación, el ajuste de cuadro espiritual para "Nuestro Método", estudio detallado de las partes que lo conforman, porque y para que de la convención y los movimientos pendulares, se tratan tópicos inexistentes o poco profundizados en otras literaturas, como el nivel de confianza o la percepción cualitativa, el enfoque y profundidad usado difiere de todo lo publicado hasta ahora."Nuestro Método" es una forma de péndulo evolucionada, es autolimpiante, directa, al grano, recorta significativamente los tiempos de las prospecciones y sanaciones, los péndulos consagrados presentan mayor precisión y resistencia a influencias exteriores, los operadores reciben una importante inducción energética y el Comité de Sanación queda incorporado a su Cuadro Espiritual.

Also by Domingo A. Montes G.

Clásicos del Reiki Japonés
Usui Reiki Hikkei, Guía de Reiki de Usui Sensei

Miyamoto Musashi, Obras
Go Rin no Sho - El Libro de los Cinco Anillos

SHInTao Seichem Reiki - El estilo del Dragón de Fuego
SHInTao Seichem Reiki Shoden - Guia del Nivel Uno. El Sendero del Dragón de Fuego.

Standalone
El Amado Arcángel Cassiel, Señor del rayo Oro/Violeta
El Néctar de las Divinas Enseñanzas - Meditación en los Divinos Atributos
Sanación Espiritual con Péndulo Consagrado "Nuestro Método", la forma de péndulo más evolucionada

El sentido De La Vida - En castellano
El Abrazo Divino, el Tetra Yoga de Jesús el Cristo
Siete Capas
101 Preguntas, mitos y errores En la sanación espiritual
Bendiciones Para Todos
Makiwara no Sho
Cronotopía
El OjO Silente